Tadpole Books are published by Jump!, 5357 Penn Avenue South, Minneapolis, MN 55419, www.jumplibrary.com

Editor: Jenna Trnka **Designer:** Anna Peterson **Translator:** Annette Granat

Photo Credits: Matthijs Kuijpers/Alamy, cover; Eric Isselee/Shutterstock, 1; Papilio/Alamy, 2–3, 16tm; KenCanning/iStock, 4–5, 16tr; JayPierstorff/Shutterstock, 6–7; Betty4240/iStock, 8–9, 16br; age fotostock/SuperStock, 10–11 (foreground); Zack Frank/Shutterstock, 10–11 (background), 16tl; Holly Kuchera/Dreamstime, 12–13, 16bl; critterbiz, 14–15, 16bm.

Library of Congress Cataloging-in-Publication Data
Names: Nilsen, Genevieve, author.
Title: Los zorrillos bebés / por Genevieve Nilsen.
Other titles: Skunk kits. Spanish
Description: (Tadpole edition). | Minneapolis, MN : Jump!, Inc., (2018) | Series: Los bebés del bosque | Includes index.
Identifiers: LCCN 2018011434 (print) | LCCN 2018011876 (ebook) | ISBN 9781641280976 (ebook) | ISBN 9781641280969 (hardcover : alk. paper)
Subjects: LCSH: Skunks—Infancy—Juvenile literature.
Classification: LCC QL737.C248 (ebook) | LCC QL737.C248 N5518 2018 (print) | DDC 599.76/8—dc23
LC record available at https://lccn.loc.gov/2018011434

LOS ZORRILLOS BEBÉS

por Genevieve Nilsen

TABLA DE CONTENIDO

Estos son zorrillos bebés.

mamá

Siguen a mamá.

negro ··▶

blanco

Son blanco y negro.

raya

Tienen rayas.

Viven en el bosque.

Juegan.

¡Te rocían! ¡Apestosos!

REPASO DE PALABRAS

bosque

juegan

mamá

rayas

rocían

zorrillos bebés

ÍNDICE